Ajaton

Kiia Kylkisalo

© 2017 Kylkisalo, Kiia
Kustantaja: BoD – Books on Demand,
Helsinki, Suomi
Valmistaja: BoD – Books on Demand,
Norderstedt, Saksa
ISBN: 978-951-568-968-9

se jokin siellä jossain vain pölyyntyy
sanovat aukaise
en välttämättä edes tahdo
ei ole voimia sitä pölykerrosta puhaltaa
entä jos siihen tukehtuu
sanovat se tukehduttaa enemmän
mitä pidempään se pölyyntyy
se käsittele
minä välttelen
pyydän älä ala neuvomaan
sattumusten kierrettä laukaise
kävi tapahtuma aikoja jo
sitä muuttaa ei voi tää vahinko
ahdinko
entä jos siihen tukehtuu

niin vanha ja luja umpisolmu
jonka ei ollut koskaan tarkoitus aueta
niin sammaloitunut ja vanha
kuin aarnimetsä

mikä siinä on
vuosiin ei ole mikään miltään tuntunut
äkillisesti sisällä purkautuu jotain
solmu auennut on
mitä se saa aikaiseksi

aikako parantaa haavat
ethän tule minulle puhumaan haavoista
itse et edes pysty näkemään
aiheuttamaasi tuskaa muiden naamoista
kykysi tulkita toisten tunteita
muodostuu vain kaavoista
aavoista meristä ne toisten mielissä
koostuu
tosin sinun kielesi vain kostuu kun mietit
satuttamista toisten
pystyt aina heittämään sen kortin
ettet väärin mitään tehny
etpä tuosta oikein enää ehdy

siinä missä keuhkosi täyttyvät hapella ja
onnella
toisella täyttyy itsesäälillä ja mustalla
ilmalla
siinä missä sinun keuhkosi on täynnä
kauniita
kukkasia
toisella viimeinenkin on kuihtunut pieneksi
ja
rumaksi

satutat niin kovasti
taidat sen jo sanomattakin tietää
sanomallakin tiedät
muttet oikein välitä
piittaa
se tässä ehkä pahinta onkin
pahalta tuntuu olla
toiselle turhuuden piste

miltä tuntuu olla
ainoa ihminen maan päällä
kellä voi huonosti mennä
kellä on oikeita ongelmia
kellä on oikeasti hätä
toivottavasti ei järkytä
ei olekkaan sellaista käsitettä
kuin ainoa ihminen

tarkoituksellisuutesi
ihmisten loukkaamisessa
kuvottaa minua
et välitä
silti oletus on sinulla
maailmankaikkeuden pyörivän ympärilläsi
joskus vielä koittaa se päivä
kun sinulle tehdään väärin
vaikka viatonhan sinä olet aina ollut
muut ihmiset saatanan perikuvia
onneksi sinä pyhimys
elämä sinua kaltoin kohtelee
muut saatanan perikuvia
sinä pyhimys

ei ole helppoa
ei luotettavaa
olla kenenkään lähellä sun
päättelin siis
onko helppoa
luotettavaakaan
olla sun lähellä kenenkään

mielessäsi taivaassa on paikka sinulle
ei minulle
toivottavasi mielesi ei järky
sillä katsomuksestasi ei pääni täyty
mielessäsi paikkasi taivaassa juuri
varmistui
ikävä asenteesi minuun voimistui
jos yhtään helpottaa tuskin kuoleman
jälkeen reittimme
enää kohtaa

myrkylliset ihmiset heikoissa kiinni
epävarmuus ja pelko pakottaa tarttumaan
myrkyistä riippumatta
hitaasti muuttuu iho vihreäksi tummaksi
ei auta sopeutua vaikka sen toivossa eletty
onko vaihtoehto päästää menemään
ehkä
seuraako myrkyn jätöstä enemmän hyvää
vai pahaa
koukuttaako se
nähty se jo kerran
tuskin kokea tahdot uudestaan
tällä kertaa voisi koitua kohtaloksi

katsot sieltä kun toisen jokainen unelma
musertuu
sieltä missä elät unelmaasi
toiset saa
toiset ei
toisilta otetaan
toisilta ei
nauti
ota ilo irti
tämän sinä halusit nähdä
siis näe tämä

käymme sotia toisiamme vastaan
sinä olet ylempänä toinen alempana
netin keskustelupalstoilla
sisarukset saman maan
toinen suvakkihuora
toinen ahdasmielinen juntti
toinen ylempänä toistaan
vain tosin heidän mielissään
muodostelmia ennakkoluuloista
jonkun sorttista alaspäin asettelua
miksi on suomi niin onnettoman onnisten
maa
suomi koulutusjärjestelmällään huippu
upeat mahtavat palvelut
terveydenhuollot julkiset
kaikkia parempi meillä on
sisar saman maan
mutta mikään ei kuten ameriikoissa
meillä ei mikään hyvin
olisipa ne amerikan unelmat
lottovoitto syntyä suomeen

tarpeetonta sanoa tarpeettomia sanoja
lauseita
asioihin joihin meillä ei ole tarvetta
sanaakaan sanoa

vaikea voittaa itselleen itsevarmuus
vaikea uskoa siihen että pärjää
välillä edes vaikea uskoa siihen että elää
ei ollut universumi tehty sitä varten
että silmäni sen tavoittaisivat

tehdään nuorina lauluja siitä kuinka
maailma valloitetaan
siitä kuinka unelmat tavoitetaan
tullaan olemaan niin helvetin onnellisia
vanhoina tehdään lauluja siitä kuinka
ei maailmaa valloitettu
unelmia tavoitettu
onnellisiksi tultu

mitä mieli kestääkään
mitä sen tarvitsee joutua kestämään
ehkä se ei kestäkään
sillä se ei välitä kenestäkään

korpin väriset hiukset
musta mieli
yhdistää vain ajatus siitä
että on meidän kieli kykenemätön
pistämään sanoiksi niitä mielikuvia
joissa on tajunnut ihmisyyden
mitättömyyden
ikuisen tyytymättömyyden

makaa kovalla sohvalla
lasittunut katse tuijottaa seinää
siinä se rypee
itsesäälinen paska
tavallaan nauttii omasta säälittävyydestään

turha kuolemaa on etsiä katukuvasta
onhan hän itse kuolema
vierailee kyllä kun kerkeää
sinulle ei vielä vuosiin ole aikaa
tulee usein kutsumatta
joskus ei edes kutsumalla
varuillaan täytyy olla
kun vierailemaan pyytää
saattaa hän jopa keritä

miettii hän sitä kuinka turha ja hyödytön
yksilö onkaan
tälle yhteiskunnalle
me kaikki olemme sanoo toinen
oltaisiinko vain kaikki sitten yhdessä
hyödyttömiä
yhteiskunnan loisia
yhdessä ollaan

kuulokkeet korvilla istun junassa
pihalla sataa
kuvittelen että olisin elokuvassa
pian kuitenkin taas pienessä tuvassa
näytän niin onnelliselta tuossa kuvassa
usko siihen että parempaa on luvassa
missähän onni on lymyillyt
en ole aikoihin sillä tavalla hymyillyt
lupaan jos se vielä tulisi takaisin niin
kahvit keittäisin
jos en saa sitä jäämään mun sieluni tupaan
ehkä toivoni heittäisin
ikkunat verhoilla peittäisin

kipinää sormenpäissä
sanotaan että hän onnesta sekaisin
ei enää kulje pimeitä katuja
kävelee pilvilinnoissa ilman reittiä
milloin koittaa hetki kun illuusio särkyy
tippuu hän pilveltä alas
pessimisti
et ollut maailmalle valmis

kello neljä yöllä
ihan hiljaista
kolme silleen söpösti kyljellään nukkuu
vähän tuhisten
ikkunalla pari hassua pisaraa sateen jäljiltä
ohuen verhon läpi näkee ulos
pimeää
jossain etäämmällä katuvalo
viikkoja odotusta
eipä jälleen miltään tuntunut
laitan silmät sekunniksi kiinni
herään kello kahdeksan
mikään ei ole muuttunut
tosin pimeyden tilalla kourallinen valoa
tuntuisipa edes se

katsoen taakse
kuka tuo onnellinen ihminen oli
tutkiskellen minne katosi
herää muisto
se ei ole tuo
se olen minä
miksi muoto olleessa
voiko hänet vielä löytää
vaikka sitten itsestään

moni meistä menee herkästi rikki
herkkiä pieniä olentoja
hauraita kuin pienet kukkaset
kääri kuplamuoviin
tarrat meihin heiveröisiin
herkästi särkyvää
minäkin

silmissään hänen salamoi
kaatosade suuret ukkospilvet
ei puolustaneet enää ne kilvet
jotka aikoinaan rakensi suojaamaan
toivoo kaiken olevan unta

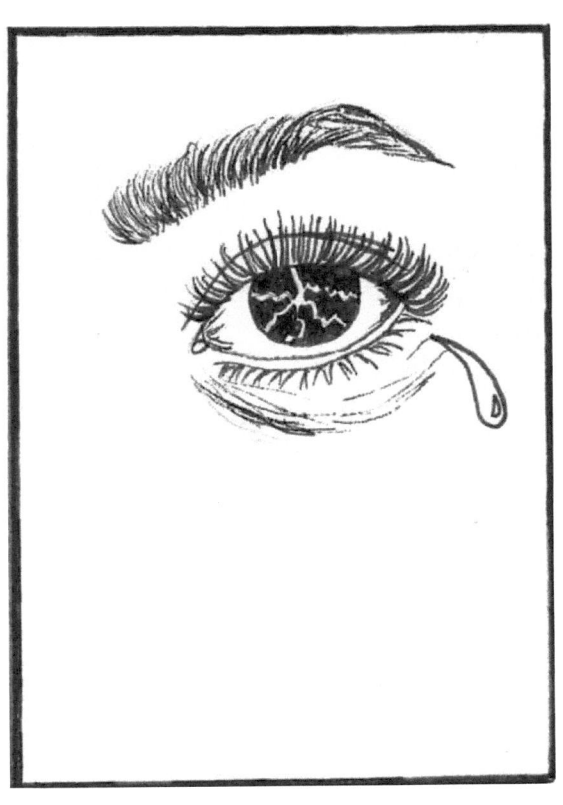

miten voisikaan mennyttä muuttaa
ketään ei varmaankaan yllätä ettei
mitenkään
jääkö muita vaihtoehtoja kuin miettiä
lämmöllä aikoja kun millään ei ollut väliä
asioita tehtiin ja seikkailuja koettiin
ei ollut vastuuta tai velvollisuuksia
oltiin vapaita
oltiin onnellisia
ei oltu vielä pudottu siihen elämän
todelliseen
mustaan kuiluun jossa mikään ei tunnu
miltään
ainoa toivo päästä kuilusta on aate siitä
minkä jälkeensä jättää
edestään löytää

silloin kesäyönä
meillä oli oma juttumme siellä sen yhen
sillan alla
just sen sillan jonka alla on kaunis näkymä
joelle
ja siinä on graffiteja
tanssittiin
laulettiin
naurettiin
kuunneltiin sitä yhtä artistia
sitä mikä meitä niin yhdistää
mennään siihen taas pian takaisin
jooko
jos ei nyt niin viimeistään kesällä 2030

hän kysyi
onks tää taas niitä sellaisia
myöntävän vastauksen hän sai
kahdestaan he halusivat olla maailmaa
vastaan

pieni neiti
ei tosin kesäheinä
rikkinäiset verkkosukkahousut
kesäyönä keinumassa yksin
sydän sykkii
elossa pitäisi siis olla
tunnu ei siltikään siltä
laittaa hän silmänsä kiinni
nojaten jyrkästi taaksepäin
keinuu niin lujaa että vatsassa tuntuu
ainoa mikä tuntuu
joskus tuossa vieressä silloin myös keinui
toinen
taianomaisin yö oli se
nyt siinä tyhjä keinu liikehtii tuulen
osuessa
tässä ei neiti kesäheinä mutta neiti
kuitenkin
muualla hän
neidin mielessä
tässä minä
jossain muualla sinä
miksei tässä minä
tässä sinä
yhdessä
niin kuin aikoinaan

miksi sinunlaisesi täällä kaltaiseni kanssa
tässä hetkessä
katsomassa katoavaa aikaa
mielesi mielessäni
mieleni ei mielessäsi
sinä et siinä hetkessä tainnut koskaan
ollakaan

lupasin etten yhtäkään kertaa sen nimissä
kirjoita sillä en
siihen usko
tosin on sitä ennenkin lupauksia rikottu
kerran jos
toisenkin
sekä uskoa koiteltu muutenkin

vaikea selittää jotain jonka
joka kerta jätti selittämättä
kun hommat oli pelittämättä
tiesi että kaikki mättää
ei silloin tarjonnut kukaan kättään
pelko et päädyt maailman jättään
siksi vaikea

hän pysyttelee hereillä mahdollisimman
pitkään
nukkuu mahdollisimman vähän jos
ollenkaan
ei saa tarpeeksensa toisesta
jokaisen sekunnin ja päivän toisen kanssa
tahtoisi jakaa
kaikki 24 tuntia niin kauan kun toisiaan
jaksaisivat
eli niin kauan kun toinen häneen kyllästyy
hän ei toiseen kyllästy

surulliset kristallisilmät
vyöllä haavoittuvainen sielu
jonkan kovan ulkokuoren läpi näet
työllä varoittelit pahatapaisista ihmisistä
joita itse katsoin läpi sormien
arvostan suurella sydämellä
sitäkin kun maalailtiin yöllä

luvattu on soittaa huomenna
paljon muutakin on toisilleen luvattu
mutta usko kun sanon
soitto soitetaan huomenna
ei soitettu
lupaus rikottu
mutta parin huomisen jälkeen puhelin soi

välillä mietin välilää ja sitä mitä oli
ihmisten välissä
onko sillä enää väliäkään
on väliä

jotkut ihmiset lähtevät äänettä
jälkeen jää vain ajatus että
miten asiat olivatkaan
miten ne olisivat voineet mennä
miten ne ovat nyt

jos voisin
ottaisin kaiken surusi pois
ottaisin vaikka itselleni
antaisin sulle kaiken jäljellä olevan onneni
silmät nua ansaitsevat niin paljon
parempaa
voisimpa ottaa kaiken taakan harteiltasi
pois
kantaisin vaikka itse
huoli toisesta muistuttaa siitä ihmisyydestä
mitä jäljellä on
se jokin aito vilpitön tunne
yksi niistä ohuista viivoista mikä piirtää
rajan
tavallisen ihmisen ja psykopaatin välille

kerro minulle jotain mitä muut ei tiedä
jotain mitä luulet etten siedä
anna minun todistaa että hyväksyn sinut
kaiken sen historian
kaiken mitä näytät
mitä et
otan vastaan kaikkine arpinesi
olen tässä
enkä pelkäämässä

soita mulle vaikka neljältä aamuyöstä
soita milloin vain
tuu mun oven taakse koska tahansa
oot tervetullut aina
vaikka koko maailma kaatuis sun jalkojen
alta
sä tiiät mun numeron
tiiät missä asun
täällä mä oon en lähdössä mihinkään
täällä oon odottamassa sua
odotan et voin olla se tuki mitä tarvitset
oon sulle mitä vaan
ystävä pieni

halu vain olla tukena
kuka häntä satuttaa
kyyneliä ikävästä ja siitä kuinka
haluan että hänellä kaikki hyvin
vuodet veti roolia hyvinvoinnista
kaikki muka ihanaa ja mahtavaa
tiesin mitä koki hän
olin tukena sillä sisimmässäni tiesin
tukeeko häntä nyt kukaan
kun en ole kuvioissa
vai onko sittenkin tuki parhain
mahdollinen

toivon että löydät vielä joku päivä itsesi
ymmärrät arvosi
opit rakastamaan sitä mitä olet
päästäisit irti siitä mustasta aukosta
mitä harteillasi kannat
jättäisit sen taaksesi
eläisit elämää mitä ansaitset

vaikka puhuttu ei kunnolla olla vuosiin
välitän
kuka kantaa
kantaako itse
jaksaakokaan
salamana olen paikalla

milloin minä sen edes huomasinkaan
eivät tunteet vieraat
tututkaan
tee maailmasta kauniimpaa elää
ei tuo onnea tuoksu vanhan laulun
ei tuo kauneus kedon kukkasen
ei yön tähtien kimallus
ei haavaan puhallus
tai kosketus lastaan rakastavan

on aikaa niin rajallisesti
ajallisesti vaikea on kaikkea kokeilla
merkityksellisesti impulsiiviset ideat
tahtoisin toteuttaa
niin myös harkitutkin
ajan puute ei ole
keksintö nykypäivän
pakonomaisesti silti päivittäin
tunteja turhuuksiin uppoudutaan
sosiaalisen median syvyyksiin
hyväksytyksi tulemisen toiveessa
postataan kuvia muutakin
tänään kuitenkin aikaa hetken löysin
sata vuotiaan suomen päivänä
pihalla hetken pienen
suurta kuuta katselin
valovuosien päässä olevia tähtiä
eläviä vai kuolleita
kuu tuokin paljon nähnyt on
sata vuotta sitten itsenäistyneen suomenkin
siinä kaunis
suuri
minä tässä
pieni

istumassa tyhjyydessä
mitä oikein odotat
elämä tapahtuu
odotat
mitä odotat
paratiisiako etsit
mitä oikein etsit
kaikki vuodetko aikeissa odottaa ja etsiä
koittaa sekin päivä kun tajuat
kaiken tapahtuneen
sinun odottaneen
etsineen
löysitkö mitä etsit
saiko odotuksesi palkkion
siinä sinä nyt
sinä ja noutaja

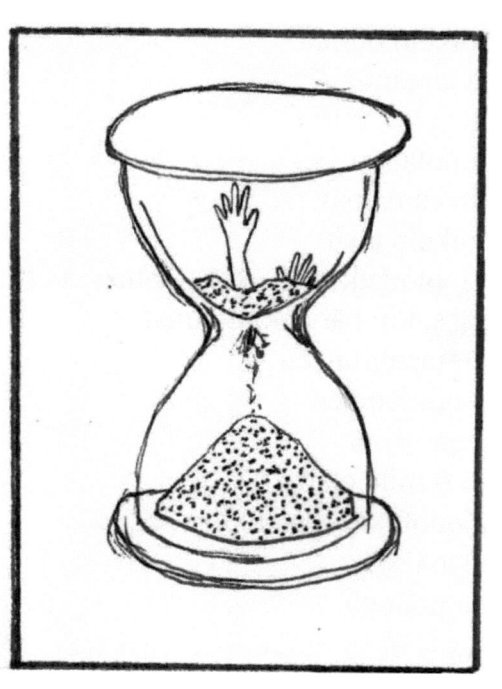

mistä tiedät oletko huoneessa täynnä savua
vaiko sadepilven sisällä
vai rakkauden kuplassa
kun et enää pysty
edes hengittämään

sinun kasvosi heijastuneena junan
ikkunaan
valoja katujen katselet
mietit kuinka pieni olento oletkaan
niin on pieni planeettammekin
suuressa maailmankaikkeudessa
olemmeko edes mitään

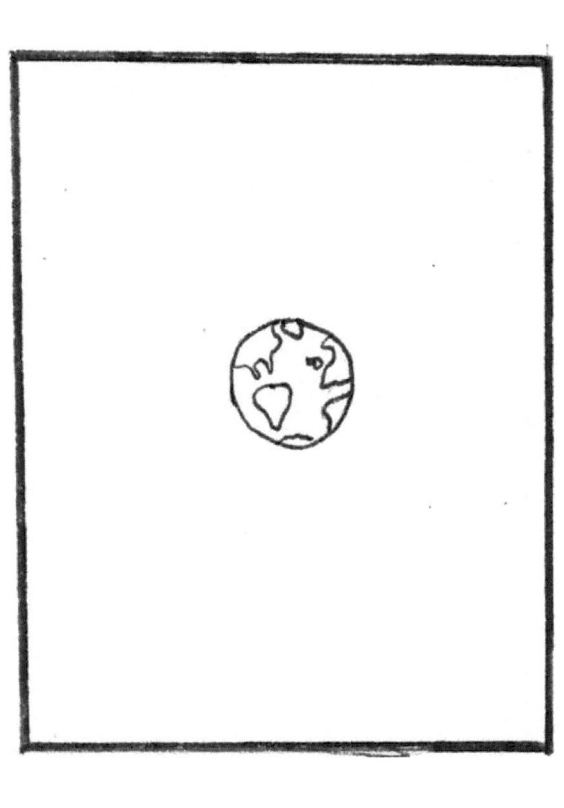

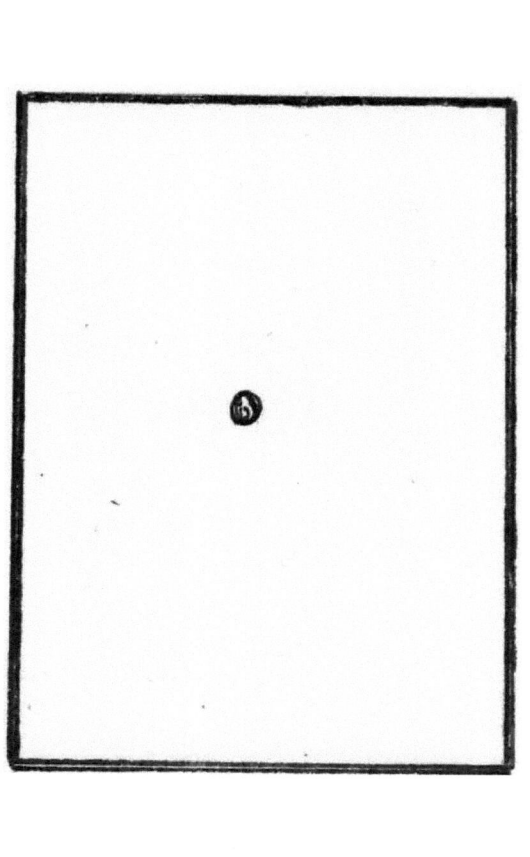

samalla tavalla kuin planeetat
kierrät akselillasi aurinkoa
tuhansia vuosia sitä kierrät
ikinä eivät aurinko ja planeetat kohtaa
ainakaan elämäni aikana
niin kuin emme mekään

jos voisin olla jotain muuta kuin ihminen
olisin taivas auringonlaskun aikaan
hetken olisin kaunein ilmestys
mutta aina pimeyteen haihtuen katoaisin
kuitenkin aina palaisin

mikään ei tuo valoa tähän sieluun niin
vahvasti kuin
luonnon ainutlaatuinen kauneus
tuoksut
maisemat
ilmankosteus
paljaat jalat nurmella
yhteys kukan ja käden välillä
tekstuuri
sileys
karheus
uniikit lumihiutaleet

syyskuu
aurinko tekee nousuaan
paksu aamu-usva
sumu minun ja auringon välissä
kaunis näkymä silmieni edessä
peltojen jäätyä taakse
ei kaupungilla ole enää sumua
oranssit auringonsäteet koskettavat
korkeiden rakennuksien seiniä
tehtaiden piipuista tulee savua
tavallaan kuin kaupungin oma sumu

tuuli tarttuu punertaviin hiuksiin
ne kutittavat kasvoja
poskipäille tippuu vesipisara
toinenkin
metsä tuoksuu ihanalle
aurinko paistaa vaikka sataa
ei tuule
puista tippuvat lehdet laskeutuvat
rauhallisesti maahan
sade ei haittaa punapäätä yhtään
pysähtyi hän katsomaan kuinka
kaunis luonto onkaan
kengistä meni vesi läpi
tässä kauneudessa sekään ei haittaa yhtään

siinä he seisovat kasvotusten
pimeän pelko valtaa kehon
pimeyden vallatessa vartalon pienen
muuttuu siitä autiotalo
hylätty
asukkaat lähteneet
täällä ei asu kukaan
silloin tällöin nuoret
seikkailijat vierailevat
ottavat kuvia ja tutkivat
huvin vuoksi

kuka hän on
häntä voi nähdä pelkästään
auringonpaisteessa
sateenkaaren alla
tule pois sieltä lapsi pieni
miksi siellä yksin

vain taivas rajana
se on kaunis
pilvet kuin aaltoja taianomaisia
jotain niissä niin mystistä ja upeaa
auringonlasku on maalannut ne violetin ja
pinkin sävyihin
tumman sininen pohja johon maalattu kuin
öljymaaleilla
hetken se kestää
erilaisten värien hitaista tansseista
muuttuu musta pimeys
puolen tunnin kauneudesta kymmenen
tunnin pimeyteen
mutta sekin niin kaunista
niin syvää
tähdet kuin glitteriä pikkumustaan
samettimekkoon
ommeltuna

kävelyllä syyskuisena iltana
noin kello yhdeksän
sateen jälkeinen tuoksu
mustat kumpparit tumman sininen taivas
puolipilvinen
katuvalot päällä sillä illat alkavat olla
pimeitä
hengitys syvään
tänään tehnyt jotain mitä pelännyt ja
vältellyt
sisällä tuntui hyvin hyvin pieni lämpö
varjo vanhaa itseään
sitä onnellista sellaista
pieni varjo vilahti

sateen ääni lumoaa
hetkeksi huolet katoaa
miksei aikaa voi pysäyttää
se kusipää niin itsekäs
kulkee niin nopeaa
hidasta
pyydän
mitään ei käteen jää kun
huomaa heräävänsä vanhuksensa
et tehnyt mitään
et tehnyt mitä rakastit
et tehnyt mitä vihasit
turvallisesti taivalsit
tyhjä on päiväkirja
rajattomat eivät ole päiväsi

piirtää veteen kastetulla sormella lammen
laituriin
katsoo kuinka auringonvalo sai sen
haihtumaan pois
oletko ollut ikinä niin rikkinäinen
että sinusta on tuntunut kuin haihtuisit pois
niinkuin vuodetkin
muistot jäi käteen
toisinaan muistelee lämmöllä
toisinaan vain sattuu

nuo silmät ovat nähneet parempiakin
päiviä
mutta niin myös huonompiakin
älä nyt
olet vielä niin viaton

ei kedon kaunein
ei välttämättä kedolla ollenkaan
pieni ruhjeinen päivänkakkara
ojassa ehkä
muutama terälehti irti
joku joskus haaveillut
rakastaa
ei rakastaa
jättänyt kuitenkin kesken
vielä olisi terälehtiä jäljellä
kumpaan kallistuisi kun
on viimeinenkin terälehti nypätty
poimi se
revi se
tee mitä haluat
kasvaa se juurista silti uudestaan
ellet revi juurineen siihen loppuu
tietämykseni
älä kuitenkaan laita maljakkoon
siellä vain hetken soma

Kuvitus Kiia Kylkisalo